DIDODODIDADA

Sculeanca – Seattle, 2020

DIDODODODIDADA

Chansons françaises
présentées par **Lydia Condrea**
et **Licã Sainciuc**

C'EST PARTI !

TROIS PETITS CHATS,
CHATS,
CHATS,

CHAPEAU DE PAILLE,
CHAPEAU DE PAILLE,
CHAPEAU DE PAILLE,
-PAILLE,
-PAILLE

PAILLASSON,
PAILLASSON,
PAILLASSON,
-SON,
-SON,

SOMNAMBULE,
SOMNAMBULE,
- BULE,
- BULE,

BULLETIN,
BULLETIN,
BULLETIN
-TIN,
-TIN,

TINTAMARRE,
TINTAMARRE,
TINTAMARRE,
-MARRE,
-MARRE,

MARABOUT,
MARABOUT,
MARABOUT,
-BOUT,
-BOUT,

BOUT DE FICELLE,
BOUT DE FICELLE,
BOUT DE FICELLE,
- CELLE,
- CELLE,

SELLE DE CHEVAL,
SELLE DE CHEVAL,
SELLE DE CHEVAL,
CHEVAL,
CHEVAL,

CHEVAL DE COURSE,
CHEVAL DE COURSE,
CHEVAL DE COURSE,
COURSE,
COURSE,

COURSE À PIED,
COURSE À PIED,
COURSE À PIED,
PIED,
PIED,

PIED-À-TERRE,
PIED-À-TERRE,
PIED-À-TERRE,
TERRE,
TERRE,

la pomme de terre

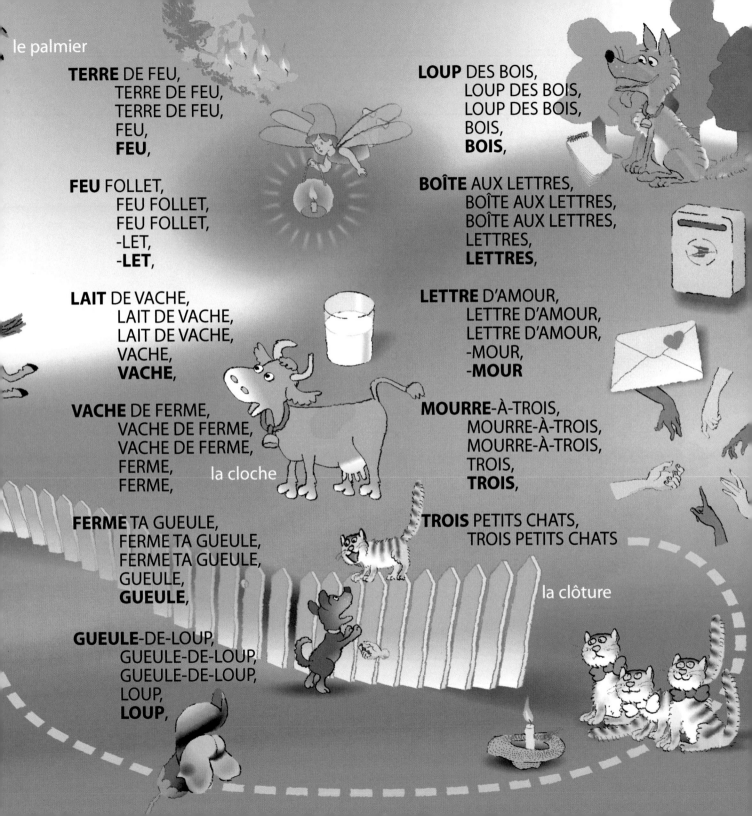

le palmier

TERRE DE FEU,
TERRE DE FEU,
TERRE DE FEU,
FEU,
FEU,

FEU FOLLET,
FEU FOLLET,
FEU FOLLET,
-LET,
-LET,

LAIT DE VACHE,
LAIT DE VACHE,
LAIT DE VACHE,
VACHE,
VACHE,

VACHE DE FERME,
VACHE DE FERME,
VACHE DE FERME,
FERME,
FERME,

la cloche

FERME TA GUEULE,
FERME TA GUEULE,
FERME TA GUEULE,
GUEULE,
GUEULE,

GUEULE-DE-LOUP,
GUEULE-DE-LOUP,
GUEULE-DE-LOUP,
LOUP,
LOUP,

LOUP DES BOIS,
LOUP DES BOIS,
LOUP DES BOIS,
BOIS,
BOIS,

BOÎTE AUX LETTRES,
BOÎTE AUX LETTRES,
BOÎTE AUX LETTRES,
LETTRES,
LETTRES,

LETTRE D'AMOUR,
LETTRE D'AMOUR,
LETTRE D'AMOUR,
-MOUR,
-MOUR

MOURRE-À-TROIS,
MOURRE-À-TROIS,
MOURRE-À-TROIS,
TROIS,
TROIS,

TROIS PETITS CHATS,
TROIS PETITS CHATS

la clôture

UNE POULE SUR UN MUR

Une poule sur un mur
Qui picotait du pain dur
Picoti picota
Lève la queue et puis s'en va.

LA LIBELLULE   LE FER À CHEVAL   LE GRILLON

LE PISSENLIT

LE TOURNESOL

U-ne pou-le sur un mur Qui pi-co-tait du pain

dur Pi-co-ti pi-co-ta Lève la queue et puis s'en va

Pierre qui roule n'amasse pas mousse

LE POUSSIN   LA PIERRE

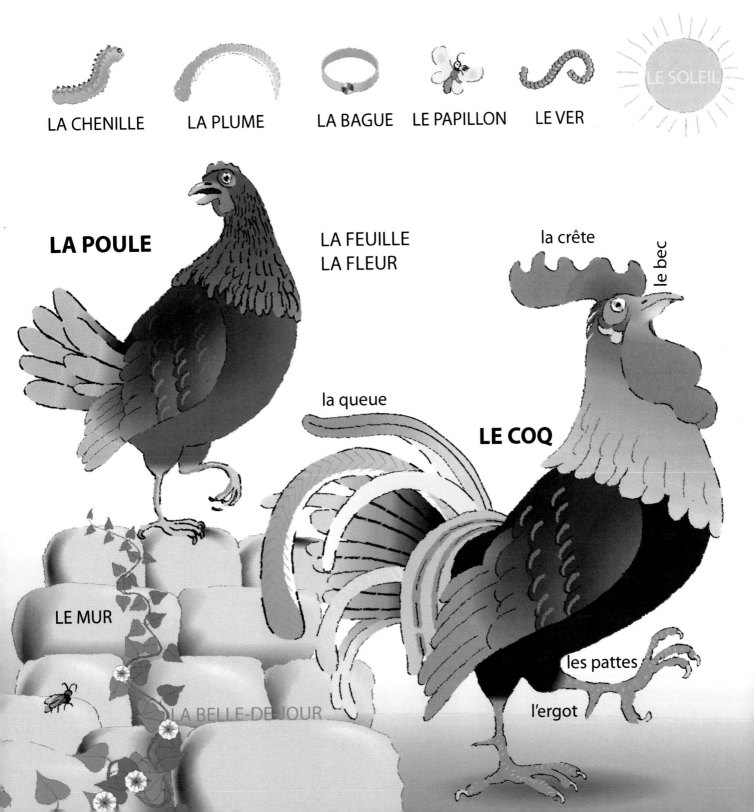

LA CHENILLE

LA PLUME

LA BAGUE

LE PAPILLON

LE VER

LE SOLEIL

LA POULE

LA FEUILLE
LA FLEUR

la crête

le bec

la queue

LE COQ

LE MUR

les pattes

l'ergot

LA BELLE-DE-JOUR

IL COURT, LE FURET

Il court, il court, le furet,
Le furet du bois, Mesdames,
Il court, il court, le furet,
Le furet du bois joli.

Il est passé par ici,
Le furet du bois, Mesdames,
Il repassera par là,
Le furet du bois joli.

LE FURET　　**L'ŒUF**　　**LA COCCINELLE**

Tous les animaux étaient présents,
ils sont tous venus.

le bonnet
le jupon
la fraise

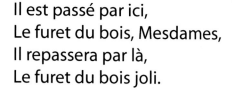

faire l'école buissonnière

Il court, il court, le fu-ret, Le fu-ret du bois, Mes-

L'ÉCUREUIL

-dam's, il court, il court, le fu-ret, Le fu-ret du bois jo-

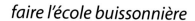

LE PUTOIS

li. Il est pas-sé par i - ci,   Le fu - ret du bois, Mes-

da-mes, Il re-pas-se-ra par là, Le fu-ret du bois jo-li

LE CHAMPIGNON

LA FEUILLE

LA NOISETTE

LE GLAND

L'ARBRE

LA FORÊT

LE BOIS

le creux

le tronc

le tablier

LE BUISSON

LE LIÈVRE

LE BOLET

LE LOIR

LE HÉRISSON

LE FRAISIER

LA SOURIS

LA SAUTERELLE

FAIS DODO, COLAS

Fais dodo, Colas mon petit frère,
Fais dodo, t'auras du lolo.

Maman est en haut
Qui fait du gâteau,
Papa est en bas
Qui fait du chocolat.

Fais dodo, Colas mon petit frère,
Fais dodo, t'auras du lolo.

LE COUTEAU   LA CUILLÈRE   L'ASSIETTE

ne pas être dans son assiette

LA BOUCHE
LA BOUGIE
LE TABOURET
L'OREILLER
LE BIBERON
LE POT DE NUIT

Fais do-do, Co-las mon petit frè-re, Fais do-do, t'au-

-ras du lo-lo. Ma-man est en haut Qui fait du gâ-teau, Pa-

-pa est en bas qui fait du cho-co-lat. Fais do-do, Co-

-las mon petit frè-re, Fais do-do, t'au-ras du lo-lo.

LA SUCETTE

DODO
LE LIT

LE BONBON
LE BALLON

LA FOURCHETTE

LA FILLETTE

LA SŒUR

MAMAN
LA MÈRE

PAPA
LE PÈRE

Gâteau

les biscuits

LE CHOCOLAT

LE BÉBÉ

LOLO

LA BOUTEILLE

LE LAIT

MEUNIER, TU DORS

Meunier, tu dors,
Ton moulin, ton moulin va trop vite,
Meunier, tu dors,
Ton moulin, ton moulin va trop fort.

Ton moulin, ton moulin va trop vite,
Ton moulin, ton moulin va trop fort,
Ton moulin, ton moulin va trop vite,
Ton moulin, ton moulin va trop fort.

L'AVION

Ah ! La feuille s'envole, s'envole.
Ah ! La feuille s'envole au vent !

VITE
LENTEMENT
LE SOL

LE FLEUVE
LA RIVIÈRE
LE RUISSEAU

L' HORIZON

LA TERRE

Meu-nier, tu dors, Ton mou-lin, ton mou-lin va trop

vi-te, Meu-nier, tu dors, Ton mou-lin, ton mou-lin va trop

fort. Ton mou-lin, ton mou-lin va trop vi-te, Ton mou-lin, ton mou-lin va trop

fort, Ton mou-lin, ton mou-lin va trop vi-te, Ton mou-lin, ton mou-lin va trop fort.

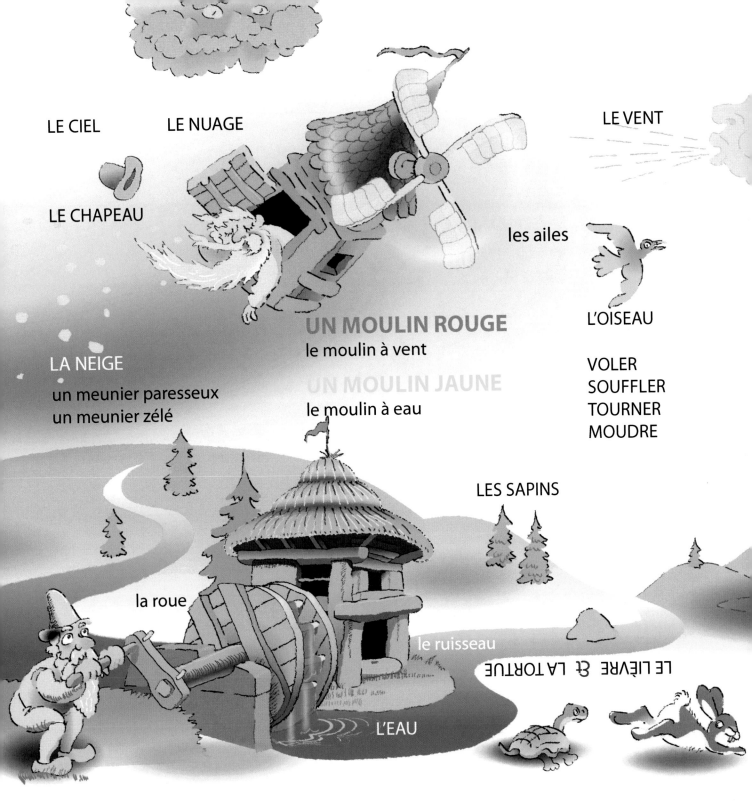

LE CIEL

LE NUAGE

LE VENT

LE CHAPEAU

les ailes

L'OISEAU

UN MOULIN ROUGE
le moulin à vent

LA NEIGE

UN MOULIN JAUNE

VOLER
SOUFFLER
TOURNER
MOUDRE

un meunier paresseux
un meunier zélé

le moulin à eau

LES SAPINS

la roue

le ruisseau

LE LIÈVRE & LA TORTUE

L'EAU

UNE SOURIS VERTE

Une souris verte
Qui courait dans l'herbe
Je l'attrape par la queue,
Je la montre à ces messieurs.

Ces messieurs me disent:
Trempez-la dans l'huile,
Trempez-la dans l'eau,
Ça fera un escargot
      tout chaud,
Dans la rue Boileau,
Numéro zéro.

1 2 3 4 5
un   deux   trois   quatre   cinq

LA QUEUE

MESSIEURS

LE CHAT

L'ESCARGOT

U-ne sou-ris ver-te Qui cou-rait dans l'her-be

Je l'at-tra-pe par la queue, Je la montre à ces mes-sieurs.

Ces mes-sieurs me di-sent: Trem-pez-la dans l'hui-le,

Trem-pez-la dans l'eau, Ça fe-ra un es-car-got tout

chaud, Dans la rue Boi-leau, Nu-mé-ro zé-ro.

6 six
7 sept
8 huit
9 neuf

LE TOIT
LA FENÊTRE
LA CHEMINÉE

la main
le doigt

LE CHAT

l'oreille
l'œil
le museau
la moustache

CHAT BLEU
POUR TOUS

ÉPICERIE
le magasin

LE ROBINET

VINAIGRE HUILE EAU JUS

la patte

L'HERBE

ROUGE
BLANC
JAUNE
BLEUE
ORANGE

RUE
BOILEAU

SUR LE PONT D'AVIGNON

Sur le Pont d'Avignon,
On y danse,
On y danse,
Sur le Pont d'Avignon,
On y danse,
Tous en rond.

Les beaux Messieurs
Font comme ci,
Et puis encore comme ça.
Les belles Dames
Font comme ci,
Et puis encore comme ça.

 LE RECTANGLE

 L'OVALE

 LE CARRÉ

Sur le Pont d'A-vi-gnon, On y dan-se, On y dan-se,

Sur le Pont d'A-vi-gnon, On y dan-se, Tous en rond.

Les beaux Mes - sieurs Font comm'ci,

Et puis en - co - re comm'ça.

en dehors du pont

LE COUVERCLE
LE TROU

devant le pont

sens dessus dessous

LE LOSANGE   LE CERCLE   L'ÉTOILE   LE TRIANGLE   LE CROISSANT

LE CHIEN
TOUTOU
LE CHAT
MIMI
MINOU
LE RAT

au-dessus du pont

L'HORLOGE

sur le pont

derrière le pont

sous le pont

en dessous du pont

à gué

LUNDI MATIN

Lun - di ma - tin, l'em - p'reur, sa femm' et le p'tit prin - ce

Sont ve - nus chez moi pour me ser - rer la pin - ce. Comm' j'é - tais par - ti

Le p'tit princ' a dit Puis-que c'est ain - si nous re - vien - drons mar - di.

LA FAMILLE ROYALE
le roi
la reine
la pince
LE TRÔNE
la couronne
LE CARROSSE

LE CRABE

Lundi matin,
L'empereur, sa femme et le petit prince
Sont venus chez moi
Pour me serrer la pince
Comme j'étais parti
Le petit prince a dit
Puisque c'est ainsi
Nous reviendrons **mardi**.

Mardi matin,
L'empereur, sa femme et le petit prince
Sont venus chez moi
Pour me serrer la pince
Comme j'étais parti
Le petit prince a dit
Puisque c'est ainsi
Nous reviendrons **mercredi**.

…
Mercredi …
Jeudi …
Vendredi …
Samedi …
…

Dimanche matin,
L'empereur, sa femme et le petit prince
Sont venus chez moi
Pour me serrer la pince
Comme j'étais parti
Le petit prince a dit
Puisqu'il n'y est plus
Nous ne reviendrons plus.

FOURMI
SOURIS
CHIEN
VACHE
ÉLÉPHANT
BALEINE
TERRE

les pantoufles
les marches

DIMANCHE
SAMEDI
VENDREDI
JEUDI
MERCREDI
MARDI
LUNDI

ON S'ARRÊTE LÀ !

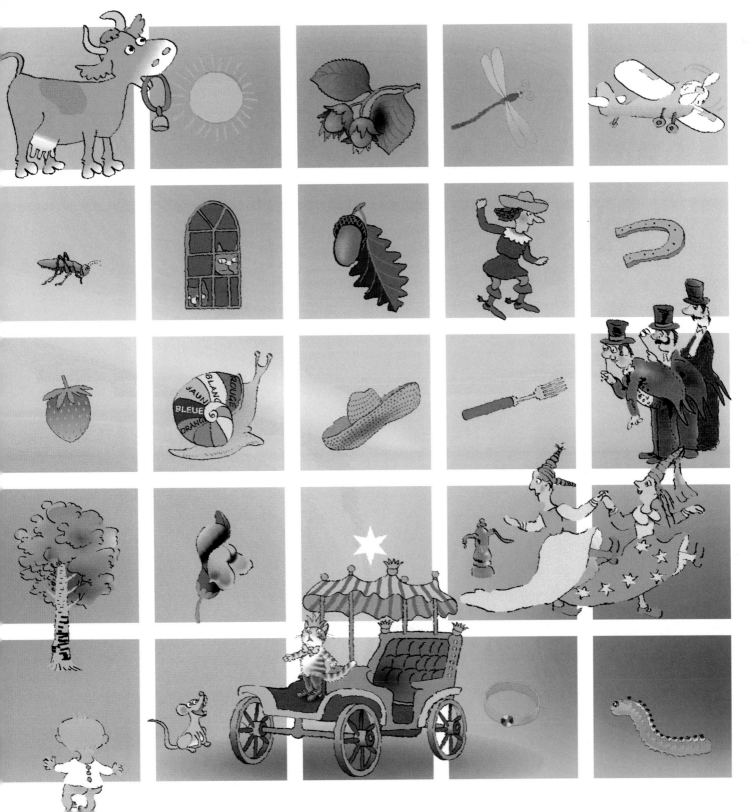

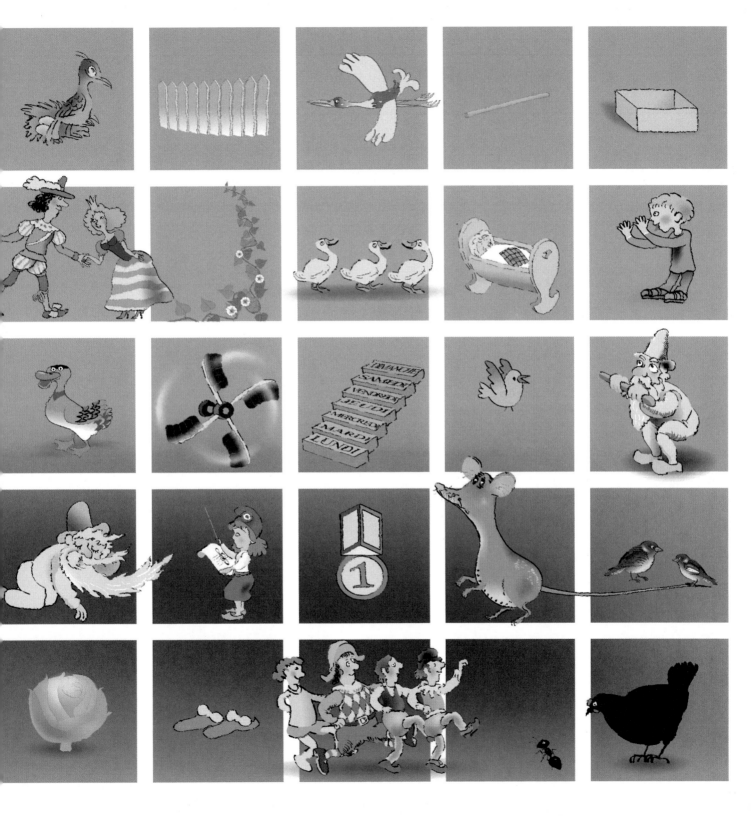

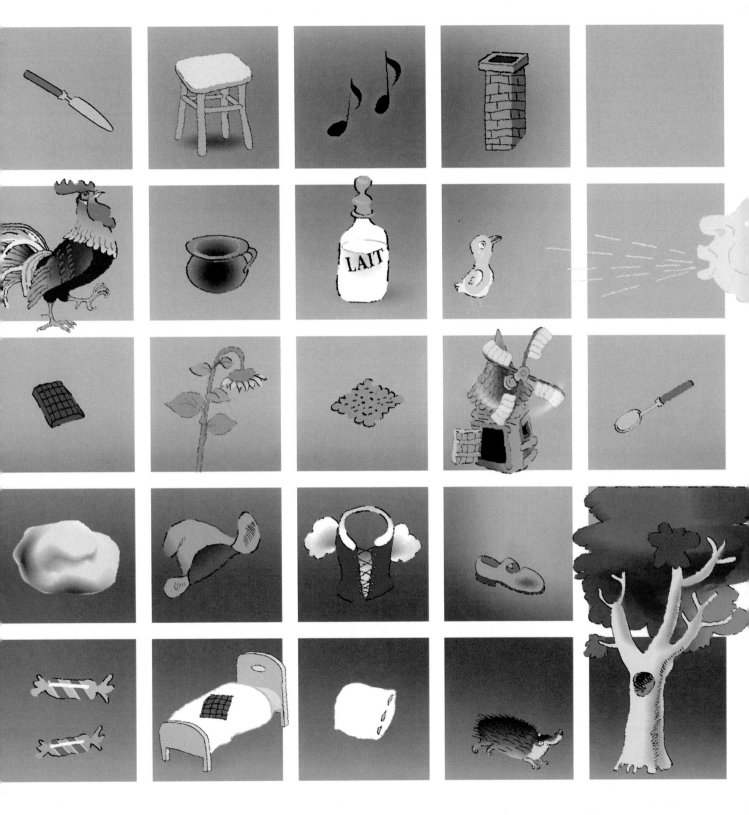

DIDODODIDADA, destiné aux étudiants de tous âges qui souhaitent apprendre le français ou enrichir leur vocabulaire, est le résultat de la collaboration de Lydia Condrea, linguiste et enseignante des langues, et Licǎ Sainciuc, artiste prolifique et auteur d'une multitude de livres bien connus. Les principales sources du matériel utilisé dans ce livre sont les chansons françaises et les expressions idiomatiques. La collection est entièrement en français.

Lydia Condrea, née à Chişinău, en Moldavie, a immigré aux États-Unis en 1988. Linguiste spécialisée en prosodie, elle a présenté ses recherches en Europe, en Chine, aux Caraïbes, au Canada et aux Etats-Unis. Sa carrière d'enseignante s'étend de l'Institut des Arts de Moldavie à l'Université de Washington, à l'Académie des Langues de Washington et aux Écoles Publiques de Seattle. Elle parle couramment le roumain, le français, l'italien, l'espagnol, le russe et l'anglais.

Licǎ Sainciuc, né à Chişinău, en Moldavie, est artiste, chercheur en architecture urbaine et auteur bien connu et apprécié dans le monde académique et créatif. Il a écrit plus de 100 livres dont plusieurs sont mentionnés à l'échelle internationale. Ses livres pour enfants, indispensables au système éducatif du pays, sont adorés par des lecteurs de tous âges. Licǎ Sainciuc est lauréat de nombreux prix, parmi lesquels l'Ordre d'honneur de la République de Moldavie.

Un grand merci à :
   une amie très chère qui préfère rester anonyme
   Françoise Guerin
   Christophe Simon
   Dorothée Abaiadze
   Ileana Tudora Sainciuc
   Gabriela Condrea

Published by *Paint with Words Press*

ISBN-13: 978-0-9839063-3-9
ISBN-10: 0-9839063-3-5

Printed in the United States of America

Made in the USA
Middletown, DE
24 March 2021